JUGUEMOS
El béisbol

Karen Durrie

www.av2books.com

Go to **www.av2books.com**, and enter this book's unique code.

BOOK CODE

X268672

AV² by Weigl brings you media enhanced books that support active learning.

This AV² media enhanced book gives you a fully bilingual experience between English and Spanish to learn the vocabulary of both languages.

English   **Spanish**

AV² Bilingual Navigation

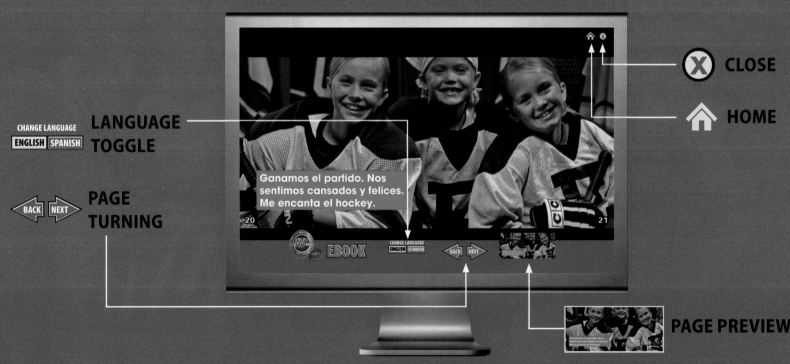

(X) CLOSE

HOME

CHANGE LANGUAGE
ENGLISH SPANISH
LANGUAGE TOGGLE

BACK NEXT
PAGE TURNING

Ganamos el partido. Nos sentimos cansados y felices. Me encanta el hockey.

EBOOK

PAGE PREVIEW

JUGUEMOS El béisbol

CONTENIDO

3

Me encanta el béisbol.
Hoy voy a jugar
al béisbol.

Algunos niños juegan una clase de béisbol que se llama pelota-T (T-ball).

Me visto para el béisbol.
Me pongo mi camiseta azul.

Como un **PROFESIONAL**

Un equipo usa camisetas del mismo color.

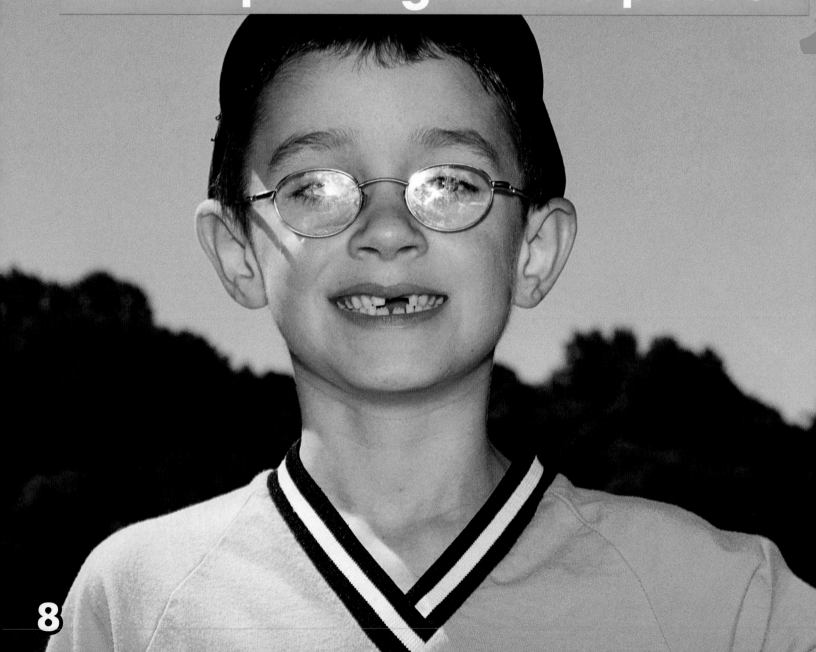

**Tengo un guante de béisbol.
Lo uso para agarrar la pelota.**

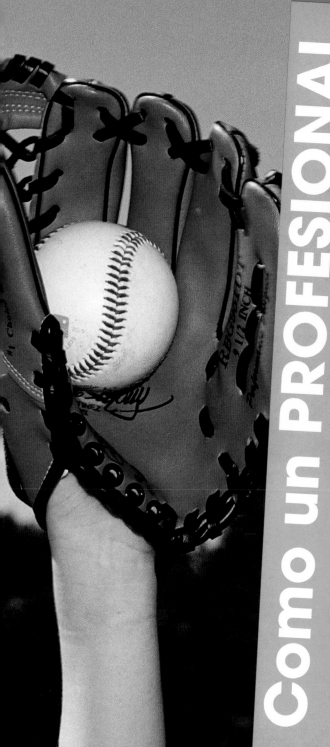

Como un **PROFESIONAL**

Uso mi guante
en el jardín.

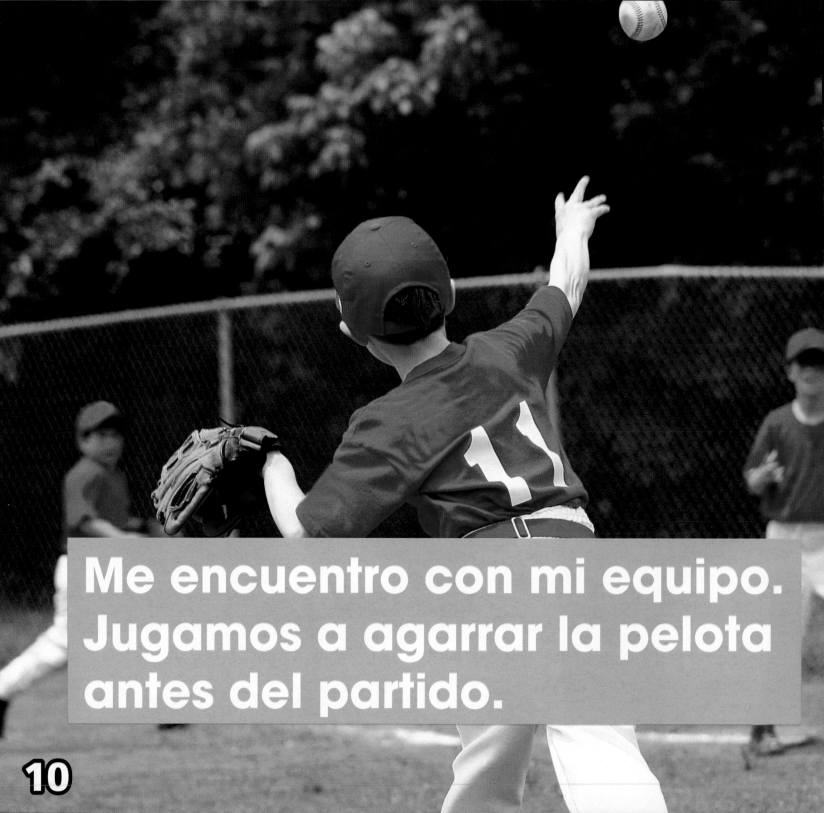

Me encuentro con mi equipo. Jugamos a agarrar la pelota antes del partido.

Como un PROFESIONAL

Atrapar la pelota y estirarme me hacen entrar en calor.

**Soy el bateador.
Uso un casco cuando
estoy bateando.**

Como un PROFESIONAL

Un casco me
protege la cabeza.

13

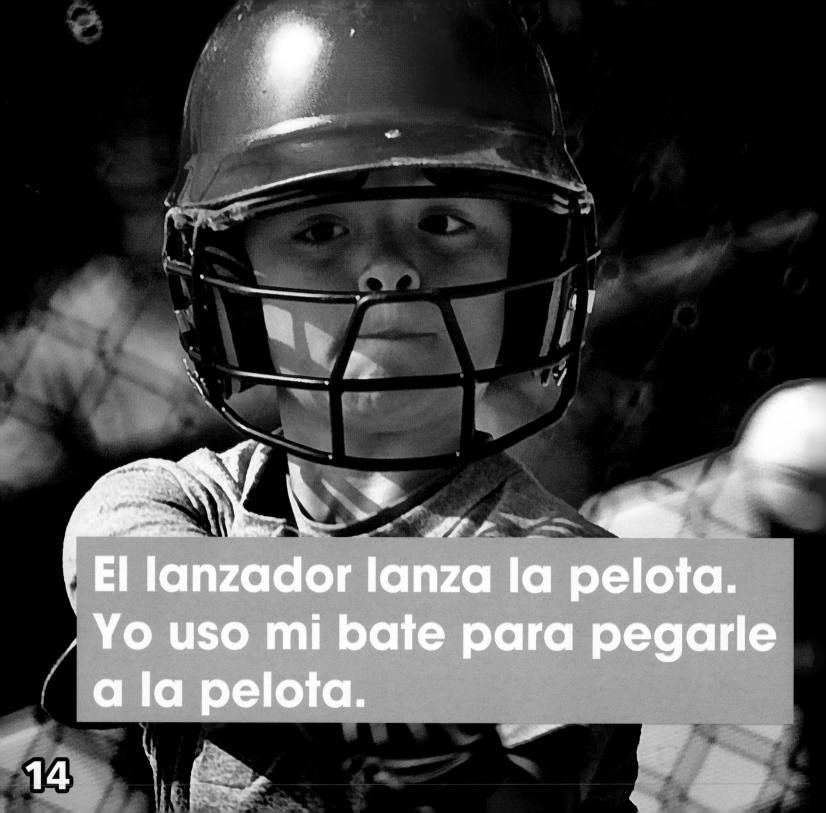

El lanzador lanza la pelota. Yo uso mi bate para pegarle a la pelota.

Como un PROFESIONAL

No pegarle a la pelota se llama strike, o poncharse.

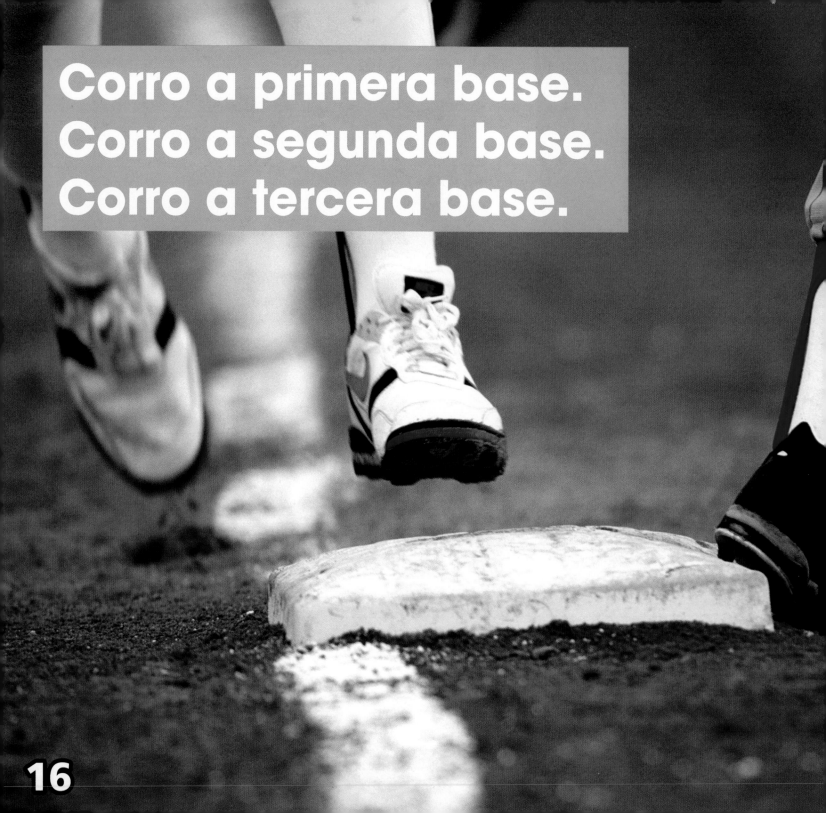

Corro a primera base.
Corro a segunda base.
Corro a tercera base.

Un campo de
béisbol se llama
un diamante
(o cuadro).

Me deslizo a la base del bateador. He anotado una carrera. Mi equipo aplaude.

Como un PROFESIONAL

Los equipos se
turnan en el
campo.

19

Me encanta el béisbol.

21

DATOS SOBRE EL BÉISBOL

Esta página proporciona más detalles acerca de los datos interesantes que se encuentran en este libro. Basta con mirar el número de la página correspondiente que coincida con el dato.

Páginas 4–5

T-ball (pelota T), o Tee (se pronuncia "Ti") Ball, es a menudo la primera introducción de un niño al béisbol. Los jugadores le pegan a la pelota sujeta a un soporte de bateo.

Páginas 6–7

Los números en los uniformes ayudan a identificar los jugadores a distancia. Originalmente los números estaban relacionados con el orden de los jugadores al bate. Ahora, los jugadores pueden elegir un número porque es su favorito o porque piensan que les da suerte.

Páginas 8–9

Los guantes de béisbol están hechos de cuero o de materiales sintéticos. Los dedos se cosen juntos para que el guante forme un bolsillo que facilita el agarrar y retener la pelota en el guante.

Páginas 10–11

Los músculos fríos están rígidos, y una torsión y giro repentinos pueden causar lesiones. Calentar y estirar los músculos antes de jugar reducen el riesgo de lesiones. Los músculos calientes son más flexibles y producen energía con más rapidez. En el béisbol hay que comenzar a correr rápidamente y se requiere fuerza para batear, atrapar y lanzar la pelota.

Páginas 12–13

Los jugadores al bate usan cascos livianos de plástico para protegerse la cabeza y las orejas. Usan el casco cuando corren hacia las bases. Cuando un equipo está en el jardín los jugadores usan gorras de béisbol para proteger sus ojos del sol.

Páginas 14–15

Hay muchas reglas de juego en el béisbol. Si un bateador se poncha tres veces, su turno al bate ha terminado. Si un jardinero (fielder) atrapa la pelota bateada antes de que toque el suelo, el bateador se retira. Si un jardinero toca a un corredor con la pelota antes de que llegue a la próxima base, ese jugador se retira. Los árbitros se aseguran de que los jugadores cumplan con las reglas.

Páginas 16–17

El diamante de béisbol se divide en dos partes, el campo interno y el jardín. En el campo interno los bateadores corren de base a base, y el lanzador lanza la pelota desde el montículo del lanzador. Tierra o pizarra cubren el campo interno alrededor del montículo del lanzador. El jardín es una zona de césped detrás del campo interior.

Páginas 18–19

Hay muchas posiciones en el campo de béisbol. Los lanzadores les tiran la pelota a los bateadores desde el montículo. Los receptores se acuclillan detrás de los bateadores y atrapan la pelota si los bateadores no le pegan. Los jugadores en las bases en el campo interior tratan de atrapar la pelota y tocar a los corredores para retirarlos. Los jardineros atrapan las pelotas que llegan al jardín.

Páginas 20–21

Si un bateador le da a la pelota un golpe justo y corre por todas las bases sin parar, ese es un jonrón (o *home run*). Si hay corredores en todas las bases cuando el bateador se apunta un jonrón, y todos los jugadores corren hacia la base del bateador, se llama un jonrón con las bases llenas.

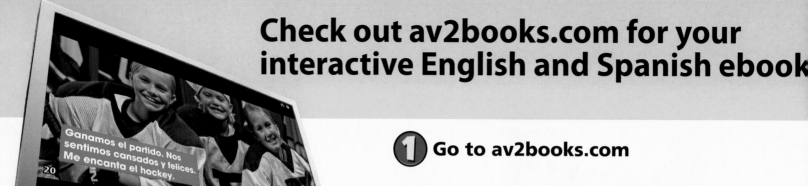

Check out av2books.com for your interactive English and Spanish ebook

1 Go to av2books.com

2 Enter book code X268672

3 Fuel your imagination online!

www.av2books.com

Published by AV² by Weigl
350 5ᵗʰ Avenue, 59ᵗʰ Floor New York, NY 10118
Website: www.av2books.com   www.weigl.com

Durrie, Karen.
  [Baseball. Spanish]
  Al béisbol / Karen Durrie.
       p. cm. -- (Juguemos)
  ISBN 978-1-61913-198-9 (hardcover : alk. paper)
  1. Baseball--Juvenile literature. I. Title.
  GV867.5.D8718 2012
  796.357--dc23
                              2012018895

Printed in the United States of America in North Mankato, Minnesota
1 2 3 4 5 6 7 8 9 0 16 15 14 13 12

012012
WEP170112

Senior Editor: Heather Kissock
Art Director: Terry Paulhus

Weigl acknowledges Getty Images as the primary image supplier for this title.